La Resistencia:
poesía en serio

Editado por HarperCollins Ibérica, S.A.
Núñez de Balboa, 56
28001 Madrid
harpercollinsiberica.com

La Resistencia: poesía en serio
© 2020 para esta edición HarperCollins Ibérica, S.A.
© 2020 El Terrat Gestiones XXI, S.L.U.
Directora de branded content de El Terrat: Clara Valle
Coordinación técnica: Clara Salazar y Saina Cámara
© 2020 Telefónica Audiovisual Digital, S.L.U.
La Resistencia, una producción original de Movistar+
© De los textos e imágenes, sus autores
© De la imagen de cubierta, Borja Sumozas
Diseño de cubierta: CalderonStudio
Diseño y maquetación de interiores: Raquel Cañas

ISBN: 978-84-9139-534-8
Depósito legal: M-8153-2020

La Resistencia:
poesía en serio

Prólogo
Iñaki Williams

PRÓLOGO

Amigo Broncano, en qué lío me has metido, hermano. Mira: sin haberlo querido, ahí os dejo el primer pareado y ni he empezado... ¡Anda, otro! Parece fácil hacer poesía, aunque dudo seriamente del nivel en las siguientes páginas porque la ristra de «poetas» es para verla. Yo, por si acaso, ahí dejo mi sello. El otro día, cuando recibí tu llamada, pensé que estabas de broma y que realmente me invitabas de nuevo al programa, pero no, querías que YO escribiera un prólogo de poesía. ¡Me quedé pálido, que ya es decir!

Para esto te guardaste mi número, ¿eh, cabrón? Cuando le hablé a mi gente de «prólogo» y «poesía», te juro que pensábamos que me habías metido en directo en alguno de los cientos de programas que presentas y que me estabas tifando. Mira que te dejé claro en la entrevista que lo mío en los tiempos libres era el *Fortnite* y puedo asegurarte que con mis colegas no tengo un club de lectura. Pero bueno, aquí estoy, si algo me enseñó mi ama es que nunca le puedes decir que no al tío que corta el bacalao.

O a lo mejor llamaste a tus invitados estrella primero y te han dicho que no y soy tu segundo plato... En cualquier caso, voy a dejar de darle vueltas porque si no, al final, te digo que lo escriba Piqué o Resines. ¡Aquí hay que estar para lo bueno y para lo malo!

Recientemente, como sabrás, te he puesto los cuernos con las hormigas. El libro ya estará en el horno cuando leas esto, así que ajo y agua. El *show business* es así, tú eres el maestro en esto y hay que venderse al mejor postor, nunca sabes cuándo se va a cerrar el grifo. Ahora bien, no te enfades si ahora me llama Pablo Motos para ser colaborador, ya sé que al igual que tú tienes a Gerard Piqué, él tiene a Joaquín. Estaré listo en el banquillo para aprovechar la oportunidad del míster (mira, hasta por escrito nos salen los tópicos a los futbolistas).

El caso es que sigo pensando que por qué yo. Y creo que hay cierta similitud entre los dos: yo soy un futbolista negro, vasco y del Athletic; tú un humorista medio gallego, medio jienense, que ahora está preparando un libro de poesía. Acojonantes historias. ¿Tan rápido te has fundido la pasta de *La Resistencia*? ¿Tan necesitado andas, hermano?

La conclusión que sacaréis de esto es que estas líneas me las escribe un guionista o alguien de mi equipo, algo vulgarmente conocido como «un negro». (...) Así que aquí me encuentro, con la mano que hasta me sangra de escribir... Próximamente, parte médico: *Iñaki Williams lesionado de su mano derecha*. ¡Cómo suena eso, la hostia, va a parecer que es por otra cosa! Ya dejé claro en el programa que hay buena salud a todos los niveles ;)

Bueno, ahora ya en serio, voy a ver si acabo mi prólogo que me lío y llevo varios días y no avanzo. Ya sabéis que los futbolistas andamos liados. Partidos, entrenos... ¡Esto es un no parar!

Ojo que, desde el atraco de Broncano, he estado leyendo sobre poesía y, de hecho, lo primero que hice fue buscar cómo cojones se escribe un prólogo. La respuesta de Google es que esto se escribe una vez acabado el libro. Una vez más, los de *La Resistencia* han empezado la casa por el tejado y doy fe de que estoy hablando de un libro que no existe, o al menos yo no tengo. *El Prólogo Mal.*

Te preguntarás pues para qué pagaste por este troncho, pero no, esta vez todo el que escribe aquí, yo incluido, cede sus *royalties* a una fundación que apoya a nuevos poetas y eso te honra. Podrías haberlo destinado a un sofá, a un plató nuevo, a tus multas o para las cosas de Grison, pero no. Ahí estuviste bien, David.

Estás, lector, probablemente ante el peor libro de poesía que se ha editado. No conozco muchos, todo sea dicho, pero seguro que hay más y mejor literatura en las páginas de contactos de un periódico que en las páginas que siguen a este prólogo. Yo, por si no os habéis percatado, con este prólogo os dejo también una Poesía Acróstica, ¡mirad las iniciales de cada párrafo! Disfrutad de *Poesía en serio* y larga vida a *La Resistencia.*

IÑAKI WILLIAMS ARTHUER

1

No sé escribir bien
Intento contar lo que siento
Lo separo en frases cortas
Y espero algún acierto
No sé vivir a tu lado
Como he vivido contigo
Te he explicado las cosas
Como si fueras mi amigo
(y no es cierto)
Esto me da vergüenza
No lo releeré jamás
Miro hacia otro lado
Pulso el botón de «Enviar».

INGRID GARCÍA-JONSSON

2

Partes de un todo:
Mi perro
Un rectángulo blanco
La mierda
Las moscas
Los viajes
El hambre
Los martes
La sábana
Ellas
El círculo en el posavasos
Mis pies
Tus pasos
Tú
Yo.

INGRID GARCÍA-JONSSON

3

—Siéntate y escribe.
—Se supone que eso es lo que haces tú.
—¿Y?
—No haces más que lloriquear porque no te sale
nada.
—No lloriquees y llora.
—Si pudiéramos,
repito,
si pudiéramos
sobrevivir a un agujero negro,
veríamos nuestra cabeza por detrás.
¿Qué te parece?

INGRID GARCÍA-JONSSON

El loco de la rima

Soy el loco de la rima:
prima, chima, lima,
grima, tarima, comprima.

Mi poesía es cantidad:
chupad, cortad, censad,
llorad, ganad, honrad.

No le busques el mensaje:
traje, viaje, paje,
gaje, guaje, malaje.

Ni esperes calidad:
picad, maldad, vengad,
alzad, vetad, cortad.

Pero si esperas rimas:
cimas, jaimas, climas,
quimas, encimas, comprimas.

Soy bueno en eso:
beso, queso, hueso,
sieso, preso, yeso.

Soy el loco de la rima.

ALBERTO CASADO

Poema hostil

Te parto la cara, payaso,
con tu actitud majadera
y tus aires esnobs
apreciando el poema.

A mí no me vengas con esas,
deja de paladearme,
escupo en tu ojo, cabrón.
Tírate al fuego y arde.

Odio ser poesía,
formar parte de tu mundo.
Mequetrefe profundo,
me la saco y te fecundo.
Submundo
infecto el tuyo.
Hijo de puta, capullo.
No es para mí un orgullo
que me rindas pleitesía.

Ve a leer otra cosa,
déjame solo,
quiero ser prosa.
Y no este descontrolo
de rima y verso
suave o terso,
de verbo perverso.

Vacío, al fin y al cabo
quiero explayarme, pavo.
Así que deja tu alabo
y cómeme el rabo.

ALBERTO CASADO

Una poesía

Una poesía
son frases cortas,
que riman normalmente
y habla de un tema
tipo el amor o la muerte.

Pero no pasa nada
ahí hay momentos
que no riman.

Y si
haces
frasecitas diminutas
también
te lo
compran.

Además
parece mejor
si está alineada
al lado contrario.
Diga lo que diga.

Se juega mucho
con el renglón
como si eso
tuviese mérito.

¿Qué es poesía?
Poesía es cualquier cosa.

En una novela
te tienes que currar
una historia consistente.

En poesía
todo vale.

ALBERTO CASADO

Poeta

Si yo fuera un poeta
que se cree bohemio y delicado
estos versos se escribirían a mano
en una hoja amputada a mi libreta[1].

Si yo fuera un poeta
que a sus *followers* se la ha colado
estos versos saldrían de un *stories*
en un recital de intensos sobrados de jeta.

Si yo fuera un poeta
verdaderamente hijo de puta
estos versos estarían rescatados
de una maltrecha y ajada servilleta.

Si yo fuera un poeta
de pedir una hostia a gritos
estos versos saldrían de una foto
de un tatu que tengo sobre una teta.

Si yo fuera un poeta
con profundidad e inteligencia
estos versos jamás los leerías
en un libro fulero de *La Resistencia*.

---

[1] Moleskine

Si yo no fuera un poeta
que lo reduce todo a la esencia
estos versos no manarían de tus adentros
a pesar de robárselos sin vergüenza a *La Ruleta*:

A POR EL BOTE, OÉ
A POR EL BOTE, OÉ
A POR EL BOTE, OÉ
A POR EL BOTE, OÉ OÉ OÉ.

ROBER BODEGAS

Conversación real
por WhatsApp

Me meo con la idea de las poesías en serio
[...]
Yo [poemas] uno y a ver si me sale
tiene que ser en serio, ¿no?

Joder lo del poema es más difícil de lo que parece.

¿Tiempo límite de entrega del poema?
A mí mañana no me da tiempo.
El lunes sí.

Nada. A mí no me sale.

ERNESTO SEVILLA

Haikus

Hacerse mayor
sentarte en el suelo
joven de nuevo

Calle en cuesta
tubería saliente
que no da sombra

Otro intento
y cada vez más cerca
eso me creo

Ya me olvido
pues hasta la próxima
tú te lo pierdes.

HELENA POZUELO

Distanze[1]

So di essere una lunga introduzione di un libro che
non esiste,
ho da sempre un biglietto pero un eterno viaggio
iniziatico.
Ma, qualche volta, sogno di dimenticare il metallo
ossidato degli aeroplani,
il deserto che visse nelle stazione ferroviare.
Sogno di rompere la distanza della pelle non toccata,
di una lettera non spedita,
di un corpo mai nudo,
di uno sguardo vuoto.
Chi lo sa, forse, qualche volta, il pennello disegnerà
una carta geografica dove ci sarà una città che
nessuno ha veduto,
una città senza asfalto,
senza distanze.

BORJA SUMOZAS [2]

[1] N. del A.: Traducido pierde lirismo y musicalidad. O sabes italiano o es
imposible captar la esencia del poema.

[2] N. del A.: Lo traduzco en contra de mi voluntad porque ahora descubriréis
que soy cursi y hortera:

Distancias

Sé que soy una larga introducción a un libro inexistente,
siempre tengo un billete para un eterno viaje iniciático.
Pero, a veces, sueño con olvidar el metal oxidado de los aviones,
el desierto que vive en las estaciones de trenes.
Sueño con romper la distancia de la piel no tocada,
de una carta no enviada,
de un cuerpo nunca desnudo,
de una mirada vacía.
Quién sabe, quizá, alguna vez, el pincel dibuje un mapa con una ciudad
que nadie ha visto,
una ciudad sin asfalto,
sin distancias.

El futuro
y sus impotencias

Tiene lo próximo más de inmediato que de
prosperidad.
Es un hecho indiscutible que la colmena es una
fábrica de hiel.
Se necesitan nuevas credenciales para evitar la
marginación y su artificial charca de residuos
podridos.
Cuesta habituarse a la natural contundencia del
destino y sus cuchillos esquizofrénicos cruzando la
nebulosa de nuestra vida.
Quien vea en este escrito la furia de mil pueblos y
el dolor de los nuevos estigmas en la piel de los no
natos,
él será como yo, otro lúcido con los ojos quemados.
Un Edipo que aún se masturba con su abuela.

FERNANDO MORAÑO

Mayday

No lo olvido: soy por memoria y estoy por tiempo.
Tampoco que, ahí fuera, la libertad es la cárcel
del consenso.
¿La felicidad? Una trampa para el necio,
pues de no necesitar, no sentir es el precio.
Qué a gusto estar en casa, con el aliento dentro.
Aquí no me escondo porque siempre me
encuentro.
¡Pequeña criatura! ¿Acaso miento?
He muerto tantas veces que ya ni las cuento.

DANNY-BOY RIVERA

Fortuna
(Cortito y al pie)

Tengo una fortuna
que no puedo dilapidar
tengo la fortuna
de multiplicarla cuando se va a acabar.

Fortuna, riqueza y suerte
tesoro de hastío y muerte.

AARÓN AGUILERA

Soy mi desempeño

Me he convertido en mi trabajo
soy mi desempeño.
Camarero es mi nombre
y soy tu siervo.
Dócil y timorato y llevo delantal.
Sirvo: copas, cafés, incluso suflés.
Las señoras se giran y dicen: «Allá va,
míralo,
el mejor camarero que jamás existió».

Ahora soy poesía
y me escribo a mí.
Y siento todo, todo el rato
porque mi verso es libre, pero yo soy preso
de la prosa,
un prolijo profeta
profiriendo rimas perfectas
procuradas paráfrasis
en una procesión sempiterna.

¿Mi pronóstico?
Soy poeta.
Todo el rato.

Me he convertido en mi trabajo.
Soy otra vez mi desempeño.

Y las señoras se giran y dicen: «Allá va,
míralo,
el mejor camarero que jamás existió.
Qué. Putos. Suflés. Ponía».

PABLO IBARBURU

Con sueño

Tengo mucha suerte:
hay algo en mis genes,
una proteína,
una mezcla rara
de timina y guanina,
que coge las cosas,
la pena,
temores,
las preocupaciones,
lo malo que he hecho
y lo que he pensado,
el eco de mierda de la noche aquella
en aquel hotel de dos estrellas;
lo coge, lo cose,
lo amolda a un cubito,
y paso un minuto tumbado en la cama,
se me cierran los ojos,
descanso tranquilo,
y ya con la luz (y) con mucha más fuerza
empujo el cubito.

DAVID BRONCANO

Un día normal

Cuando tu amiga es una cerilla,
de cabeza roja y brillante.
Cuando tu parte de la comedia,
es el negro de después y antes.

Ese instinto de *lemming*,
ese sabotear,
ese tirar el antídoto
porque no lo vas a usar.

Ese escrutar el borde,
esa gran bola negra,
que no acaba la partida
porque te hundes con ella.

No estaba con las otras.
Cómo culpar al azar.
Es un botón grande y rojo
Que nunca quisiste tapar.

Nadie lo entiende y es natural,
que sea la vida
que siempre has querido llevar.

Ese edificio en ruinas,
que te empeñas en visitar.
Cuanto mejor va la vida
más tentador es entrar.

David los pros, los contras Goliat,
Y algo sucio en los genes,
una maldad,
un indigente que grita amable: «¿Quieres pasar?»

El atractivo de las ruinas,
el fulgor de la debacle,
el lado bueno de Chernobyl,
la pasión por lo que arde.

Nadie concibe y es natural,
que sea la vida
que siempre has querido llevar.

Se gira a un lado, escudriña el otro,
como si a alguien le fuera a importar.
No sabe por qué acelera,
si hablaba de aminorar.

Frota fuerte, sale el humo y
no hay un «Amo, ¿qué será?».
Este genio ha hecho un curso
de lenguaje corporal.

Y ahora todo está negro,
y te puedes oír respirar,
y entrechocan fracaso y alivio,
al ver que otra vez no es real.

Cuando aquello del manzano,
la farsa de Eva y Adán,
el castigo fue el libre albedrío.
Esa es la trampa ancestral.

Y cantas y ríes y follas,
e invitas a gente en un bar,
y el orgullo herido cada vez
que inventas otra cuenta atrás.

Es cuestión de prioridades,
tampoco se está tan mal.
Pero algo te grazna al oído
que el mes gratis acaba ya.

Y fuera se hace de día.
Y un pájaro empieza a cantar.
Has superado otra noche.
Empieza otro día normal.

LUIS FABRA

Ególatra

Sobrecompensación del complejo de inferioridad.

Soy un lujo, me vuelvo *vintage*
me pregunto si Dios dejó
algo para los demás.

Limito tu evolución intelectual.

No soy raro, soy edición limitada
una persona madura
no puede ser criticada.

Cortocircuito tu comunicación interpersonal.

Una persona ciega y
bondadosa navega sola
hacia la soledad eterna.

Debilito tu capacidad sentimental.

Una persona sin moral y maleducada
pronto se encuentra en un desierto
por un instante de fama.

TENDERONI

La esperanza

Los escombros de los amagos de proyectos
pavimentan el trayecto por el que él transita,
a saltos, a pequeños pasos,
que para él son de gigante.

Y en los ojos del que una vez se creyó inmortal,
vuelve a llover la esperanza.

La esperanza de que no haya sido su ego
lo que le haya movido
a traerle a vivir a esta tierra incierta.

La esperanza de que, si no es así, al menos él haga
que haya merecido mucho la pena.

FERNANDO J. MARTÍNEZ

La vida gira

La vida gira y yo con ella.
Da vueltas sin rumbo.
Yo tampoco tengo rumbo.
No sé adónde voy.
Creo que a ninguna parte, aunque desde que me
crucificaron empecé a ver una luz.
Un camino.
¿Seguiré esa luz?

APOLONIA LAPIEDRA

Poema manuscrito 1[1]

Mutis por el foro

he vivido la vida silbando
feliz en un mundo de cartón piedra
Histrión sobre playas de asfalto.
Vivo sin que me atrape la melancolía
y espero de los nobles espejos
donde siempre me he contemplado
el jubileo rodeado de lo que quiero.

Antonio Frdz, Resines

Diciembre 2025

[1] Mutis por el foro
He vivido la vida silbando
feliz en un mundo de cartón piedra.
Histrión sobre playas de asfalto.
Vivo sin que me atrape la melancolía
y espero de los nobles espejos
donde siempre me he contemplado
el jubileo rodeado de lo que quiero

ANTONIO RESINES

Se fue

BORJA SUMOZAS

Hay que practicar
La Resistencia

Hay que practicar La Resistencia:
hay que defender la voluntad de los cuerpos
y de la palabra,
romper los límites que nos anudan las muñecas
y aprender que un puñetazo sobre la mesa
puede convertirse en una caricia a la historia.
Hay que practicar La Resistencia,
porque lo políticamente correcto es una orilla que
no lleva al mar,
porque la palabra barrera existe para saltarla,
porque la libertad de expresión es un río en el
desierto
y este es un país sediento de afecto.

Y hay que morirse de risa, inundar los ojos de risa,
estallar el cuerpo de risa, reír en cada grito, reír
cada palabra, reír el llanto, reír frente al dolor,
reír cuando me faltes, reír cuando te vayas,
volver a la risa cuando la tristeza sea suficiente,
que la risa sea el único sitio donde pueda respirar.

Hay que hacerlo, sí.

Hay que practicar La Resistencia.

ELVIRA SASTRE

Elvira

Lunes, martes, sol, lluvia.
Sube.
Noche, día, cálida, fría.
Baja.
Huerta, cocina, establo, salón.
Recoge.
Platos, cubiertos, vino, Casera.
Trabaja.

Ahora, hazlo, debes, tienes.
Esclava.
Escuela, pueblo, casa, campo.
Nostalgia.
Tierra, suelo, manos, lejos.
Cava.
Muchos, pocos, pobreza, falta.
Infancia.

Hijos, padres, hermanos, marido.
Carga.
Soñar, pensar, querer, ahorrar.
Salva.
Dar, todo, por, nada.
Cansa.

Gracias.

SARA SOCAS

Tenerlo todo claro

Tenerlo todo claro es de cobardes,
estar en duda es analizar posibilidades.
Claro que te duele que te digan las verdades
si ante los ojos de una persona son hechos irreales.
Y realidad rota,
como si el mundo fuera a la inversa,
como cuando el humo te coloca...
Sientes que ha aflorado la belleza
y te das contra la realidad porque en verdad esa
ilusión rebota.

ANIER

Poema 1

Mi alma ya no cabía en el viejo traje de su cuerpo
cuando salté por la ventana del Sheraton ya estaba
muerto.

En un segundo la eternidad cuando siquiera la
gravedad pueda amarrarme a este mundo.

GRISON

Poema 2

Soy una carretera en una fría noche de diciembre
a la vuelta una barca amarrada en la bahía de tu
vientre
soy una cuenta corriente, kilometraje, velocidad,
aunque quiera ser arena, el alquitrán está en mi
IBAN.

Tú eres agua caliente, el Caribe, sosiego y
tranquilidad
aunque quieras ser arena estás bañada por la
inmensidad.

GRISON

Jugando a haikus imperfectos para distraer lo inconsolable

Rojo corazón
tintado de blanco
huele la nieve

Trigo dorado
sueña con nube blanca
y ella pasa

Falta el aire
mayo entristecido
busca tu mirada

No hay adiós
vendrás pleno de calma
en cada rocío

En el estanque
un pez te piensa largo
y es otoño

Campos fugaces
acompañan la pena
lloran almendros

Pétalo rosa
acaricia el aire
adiós Otoño

Alba sin sueño
llena mi alma
todas tus primaveras

Ayer no está
quedan los silencios
lluvia de pena.

ANA FERNÁNDEZ

Haiku (inacabado)

La luna que se mece en tus ojos
El río que baila en

GALDER VARAS

Despertar

Soledad no es la ausencia de ti,
soledad es la ausencia de mí.

ÁLEX PINACHO

Sudar

No quiero que me pienses sin querer,
no quiero que me quieras sin pensar,
yo lo que quiero es que volvamos a follar.

ÁLEX PINACHO

Poema 1

Cierro la noche oscura al viento,
cierro mis ojos cansados y siento:
¿Dónde duermes? ¿Dónde escondes?
Pienso.

Huiste empujado por manos desagradecidas,
batallas perdidas, gritos ahogados, paisajes
manchados de ira,
infravalorados por mentes torpes y oscuras.

Volaste a algún rincón tan próximo como lejano
y tejiste tu muro de miedos.
Tan alto... Tan esquivo...

Yo aquí sigo esperando, deseando y no deseando
encontrarte,
cuestionando a cada paso tu existencia
reacio a pensar que te has ido,
convenciéndome a diario de que no quiero que
vuelvas...

Pero esperando.

DAVID LOZANO

Poema 2

Dedícame un ratito de ti,
enséñame tus secretos,
riamos juntos, bebamos vino, miremos las estrellas
y callemos...

Gastemos nuestro tiempo mirando a los ojos del otro,
olvidando este mundo que se extingue,
pensando que no existe nada más que este pulso
acelerado que notamos al tocarnos.

Deja que mis dudas vuelen al exilio,
recupera mi sonrisa del baúl de tu desván,
aclaremos nuestras ideas confusas y bailemos.

Y hagámoslo como si no existiera mañana,
como si fuésemos las dos últimas almas restantes y
batientes del globo,
olvidando que somos de carne y hueso, fundiendo
cada paso con el suelo
hasta caer en el más profundo de los sueños...

El mismo sueño en el que te busco cada maldita
noche,
el mismo que no se me va de la cabeza
y que cada luna empieza cuando se apagan las notas
de aquella que fue tu canción...

DAVID LOZANO

Poema 3

Mis manos y tu cuerpo no se pusieron de acuerdo
sellaron su desconfianza siguiendo cada uno su
viaje
alejando a cada paso los gritos de mis dedos
del silencio de tu espalda.

Partiendo en un viaje sin retorno en tren sobre vías
de espiral.
Tras largas noches de caricias
de cosquillas ciegas y tactos callados
la huella se borra tras el pase de cada yema

dejando a cada lado surcos de deseo apagado
roces alados oscuros
y largos besos ahogados.

DAVID LOZANO

Poema de servilleta 1

Llegaste y me llenaste de vida.
Viniste con tus encantos y me enamoraste,
dejándome impregnado.
Pero ahora que no te tengo a mi lado
quedo con el corazón destrozado
por los recuerdos de tu amor.

Sufriendo estoy esperando
a que vuelvas a mi lado,
pero mi corazón se está partiendo
llorando, temiendo
que nunca vuelvas con tu amor tan deseado.

JUAN ÁLVAREZ

Poema de servilleta 2

Luces, cámara, sonido.
Graba... Graba.
Vas, lo haces, compras.
Te cortas, te vendas.

Luces, cámara, sonido.
Graba... Graba.
Comes o engulles,
te ves listo, preparado.
Besas lona.

Luces, cámara, sonido.
Graba... Graba.
El detalle, el genérico,
no decaigas, colérico.
Gusta, hacemos otra.

Luces, cámara, sonido.
Graba... Graba.
Se estira lo máximo,
aún exhalo el humo
del penúltimo cigarro.

Luces, cámara, sonido.
Graba... Graba.
¡Hemos terminado!
Recurso desesperado,

confuso y hastiado sonríes
recompensado.

Luces, cámara, sonido.
Graba... Graba.
¡Silencio!
Estás enamorado.

JUAN ÁLVAREZ

Monólogo interior de una conversación de pareja

Hay un desfase entre el hecho de que ya es de día
y que aun así las farolas siguen encendidas
yo ya conozco los detalles
y reconozco ese andar
vienes con una mano delante
y la otra detrás
me importan una mierda tus sueños
dices que solo es un instante
y que hay un libro sobre el arte de amar
y que no hay viento favorable
para el que no sabe dónde va
yo nací para estar
lejos de ti
soy una estrella fugaz
y miro atrás y todo está en ruinas
y hay flores rotas en aquella esquina
lo que tú y yo vivimos
hoy en día
vive como un mendigo
y baila como un rey
encadena tus pies y ponte a bailar
somos el fantasma de la libertad
finge y finge sin parar
hasta que te salga más de verdad
hagas lo que hagas te arrepentirás
shalalala-la-la-lá

¿Lo ves?
No estamos equipados para la felicidad
ocho y media de la mañana
y las farolas siguen encendidas
y levantamos la mirada y vemos a ese hombre
vestido de verde fluorescente
y cortando el césped
todos tenemos problemas.

IGNATIUS FARRAY

Silencio

Silencio.

Vacío de la ausencia
pausa de la voz
calma del pisar
recorrido ciego
no sin ti.

Silencio.

GUILLO MARTÍNEZ

Poema

Olor a fuego, luna ahumada,
ceniza fresca junto a la montaña.
Rumor de voces y desbandadas,
pájaros huérfanos, antorchas bravas.
Madrugada eterna y junto a las casas,
lágrimas de fuego como amenazas.
Dolor, impotencia, pérdida, desesperanza
y allá lejos, escondida entre las zarzas,
la maldad del hombre que el infierno alcanza.
Madrugada eterna... madrugada.

FERNANDO DELGADO

Arte

Guardo el maquillaje en el rostro,
y aunque no me escondo tras nadie,
aparento ser otras y otros,
para ser yo mismo.

JAIME CARAVACA

Cíclico

La carcajada en la lejanía
la ofensa en lo que no vivimos
tú aprende a llorar
que nosotros nos reímos.

JAIME CARAVACA

Bajo la misma luna

Perdona a la luna porque no nos vimos
bajo la misma era, crecía el olvido
yo tan, y tú tan poco,
tú en la cuerda, yo en lo loco.

Más radiante que el sol
más brillante que nuestra luna
pasión que recorre tus venas
amor por lo que rodeas.

Momento antes del amanecer,
destilas toda la calma,
fuego que quema desde las entrañas,
hacerme sentir vivo fue tu ley.

Tu nombre es fortaleza.

JAIME CARAVACA

Poema manuscrito 2[1]

---

[1] Gente invisible

Tocar sin ser tocado
observar sin ser observado
recordar sin ser recordado.

He aquí la enorme
condena curricular
adosada a la indigencia
o a los fantasmas.

Gente invisible...
...al fin y al cabo.

DANIEL ROVIRA

Generaciones

La generación más preparada de la historia
niños crecidos en torno al lote.
«Son 3 euros, pongo lo de Nacho».
Nos sangraba la boca, nos reíamos de nada.

La generación más preparada de la historia
«Puedes ser quien tú quieras ser», se nos aseguró
sin saber todavía si queríamos ser
comerciábamos con nudos en la garganta, nos
traicionábamos.

Únicos, especiales y mediocres
frases de MSN y títulos universitarios
becas y costo
chupetones y perdidas.

Y cuando se hacía de noche
y nos acurrucábamos en su regazo
susurrábamos, callado y lento:
«Que vuelva el invierno, que vuelva».

No logramos cambiar nada
acabamos trabajando en Deloitte.

Éramos la generación más preparada de la historia
y, como todas las anteriores, nos comimos una mierda.

MIGUEL CAMPOS

Sin título

Suena el taconeo
al son de la guitarra
el repicar de campanas
da el último adiós al muerto.
El ataúd se cierra
el taconeo más intenso
la guitarra cesa
y una mano se eleva al viento.
En la sierra de Granada
retumba una voz desgarrada.
Han matado al poeta Gitano.

ANÓNIMO

Tirititrán

En la cuna, sevillanas
gateé por alegrías
maduré por soleares
y a Madrid por bulerías.

El flamenco lo era todo.
Mis tardes, mis noches, mis días.
Pero un día se acabó.
Algo aguardaba en Gran Vía.

El cajón por el *beatbox*
los palmeros por los chistes
faenando en el Arlequín
no existen los días tristes.

Me bajé del escenario
lo cambié por bambalinas.
Por esta loca familia,
si hace falta, a Filipinas.

Que sea por muchos años
que no acabe el cachondeo
yo prometo Resistir
en este cante festero.

ANA MACIÁ

I

Era el último sitio al que debía ir
y ni tan siquiera me habían invitado, lo pedí yo.
Iba exhausta.
No pretendas ser graciosa,
el gracioso es él...
entré... y sí...
ÉL era el más gracioso
el más listo, el más rápido, el más brillante
y el más GUARRO.
Me enamoré y me quedé.

CANDELA PEÑA

II

Clara
retazos
nubes
la luna se ilumina
la boca
de la cueva
la oscuridad es completa
CALLA...
Ahora solo se oye mi respiración...
cada vez más y más agitada...
y tienes un poema para ti.

CANDELA PEÑA

III

No eran especialmente brillantes.
O tal vez sí...
Desconozco si eran músicos pero tocaban.
Parecía que sabían escribir y organizar.
Vacilaban a ricos y a pobres.
Empatizaban con todos y con nadie.
Metían cosas en cajas y bebían en tazas.
Menos uno, todos iban mal vestidos.
No parecían quererme ni tampoco lo contrario
pero me abrieron su control.

CANDELA PEÑA

Sin título

Se me caen los d

i

E

n

t

e

s

JOSÉ TORO

Conchi

Si te llamases Marcela,
Carmen, Daniela,
Alba, Gala o Lucía
esto tendría los mimbres
de una bonita poesía.

Pero te llamas Conchi.

Y no es ya que no rime con nada,
que tampoco.
Es que es un nombre muy... normal.
No me imagino a Serrat cantando «Conchi»,
sé que sueno superficial.

Aquí lo dejo, Conchi.
Tu nombre no me inspira.
Es así, mira.

Por cierto, más allá de esto, que a ver si nos
tomamos un café un día y nos contamos qué tal
todo, ¿no?

ALBERTO CASADO

Mi infancia

Mi infancia son recuerdos
de un patio de Villarrubia
de los Ojos
provincia de Ciudad Real.

Y en vez de un huerto claro
donde madura el limonero
había una letrina
una tabla sin un círculo
cadalso extraño
raro balcón
a una fosa séptica.

Como comprenderéis
así es dificilísimo
y no hay manera.

Y veo el olmo viejo
hendido por el rayo
y pienso
mira
se ve que hubo tormenta.

RICARDO CASTELLA

eSe

Ese, que quien entra triste sale contento
Ese, que si habla temblaría España
Ese, donde todo se ve, todo se huele y todo se sabe
Ese, donde se echan polvos con mucha luz pero con
muchas sombras
Ese, del que a veces se habla y otras se olvida
Ese, que sabe, que del color de la pestaña es el de la
castaña y que del color de la ceja, es el de la almeja
Ese, a veces querido y otras odiado
Ese, amigos, es eSe: mi departamento.

ANA DOMÍNGUEZ

Crazy Back Flipping Hamster

«Crazy Back Flipping Hamster».
Así se llamaba el vídeo.

Se veía a un hámster que,
entre otros,
se subía al cacharro de la comida
y se tiraba para atrás.

Voltereta loca para atrás,
una y otra vez,
subía
y voltereta loca para atrás.

Como si no pudiera evitarlo,
como si su sino fuera eso:
subir al cacharro de la comida y
voltereta loca para atrás.

No sé si él se lo pasaba bien
solo que se subía donde la comida
y voltereta loca para atrás.

Muy gracioso, la verdad.

JORGE PONCE

Crazy Back Flipping Hamster (comments)

Parece que no se divertía.
Era un trastorno neurológico que les ocurre
a muchos hámsters.

Qué pena
más graciosa.

JORGE PONCE

A Xalapa

Xalapa, mi cuna y mi infancia;
soy de ti y vives en mí
pues eres mi corazón y mi alma.
Tú, mi manantial sobre la arena,
Atenas veracruzana;
ciudad de las flores
con sabor a café de Coatepec,
a salsa de chile seco y mole de Xico.
Tú, tan tarde de lluvia
y olor a tierra mojada.
Tú, tan noche de niebla
con aromas de jazmín,
iluminada apenas por la danza cadenciosa
de los taciturnos cocuyos.
Xalapa, mi cuna y mi infancia;
soy de ti y vives en mí
pues eres mi corazón y mi alma.

JAVIER CAMARENA

En el muelle de San Blas 2
(Ya era hora de saber cómo acababa la historia)

Ella recibió a su amor,
él regresó en su barco al muelle de San Blas.
Él juró que volvería.
Y empapada en llanto ella vio que no mentía.

El marino no entendía
que no esperase en casa, mientras tanto.
Muchas tardes ahí plantada.
Ahí plantada teniendo un piso al lado.

Lo de llevar el mismo vestido
era bastante raro, la iba a reconocer igual,
el encuentro no fluía,
la espera volvió fría la relación.

Y el tiempo la jodió
y a los dos les dio un bajón de cojones.
Y no hubo pasión
y con él allí cortó
en el muelle.

Raro, raro ver a este tío
raro, raro ella no es mi tipo
raro, raro tanto esperar
raro, en el muelle de San Blas.

Ella también le reprochó
por qué en tantos años ni un mensaje le escribía
y en el pueblo se oían
los gritos de la bronca del muelle de San Blas.

Y él daba por hecho
que en tanto tiempo ya habría seguido con su vida.
Nunca se llegó a aclarar
si era solo un rollo o un novio formal.

Raro, raro ver a este tío
raro, raro ella no es mi tipo
raro, raro tanto esperar
raro, en el muelle de San Blas.

Raro, raro ver a este tío
raro, raro ella no es mi tipo
raro, raro tanto esperar
oh, raro.

Raro, raro ver a este tío
raro, raro ella no es mi tipo
raro, raro tanto esperar
raro, en el muelle de San Blas

Se acabó, se acabó
raro, raro
se acabó, se acabó
ni quedar para un café.

Se acabó ahí,
se acabó por fin
se acabó ahí
se acabó
en el muelle de San Blas
Oh...
Raro, raro se acabó.
Oh...

ROBER BODEGAS

Carpetero

«Se te ha caído la sonrisa».
No, tú me la acabas de arrancar
con tu puta cara de salvar a la humanidad
aguantar tu chapa es mi obra de caridad.

Bienvenidos al chantaje emocional
de Teresa de Calcuta frente a la Fnac
levitando sobre una atalaya de falsa moral
hará todo lo posible para que te sientas mal.

Ya sé que soy egoísta
ya sé que puedo ayudar
pero no dependerá mi solidaridad
de que me asaltes yendo a currar.

No vas a mejorar Uganda
mejora al menos tu ciudad:
la próxima vez que no quiera hablar
limítate a dejarme en paz.

ROBER BODEGAS

Reglamento

Pobres no éramos
pero tampoco ricos.

El presupuesto daba para algún balón,
pero no de reglamento.

Y yo creía que el reglamento era un material
único,
caro,
un compuesto que hacía los balones especiales.

Porque estaban «hechos de reglamento».

Pero no,
eran la norma,
la regulación, la ordenanza,
la que hacía que yo no tuviera
un balón de reglamento

JORGE PONCE

Un jueves cualquiera

Un cangrejo no es una tetera
un cangrejo no es una taza
un cangrejo es un *cranc*
un cangrejo es un *cámbaru*.

Un melocotón no es una piramide
un melocotón no es una piedra
un melocotón es un *préssec*
un melocotón es un *pexego*.

Una escoba no es una pizarra
una escoba no es una tiza
una escoba es una *granera*
una escoba es una *erratza*.

Nacer es nacer
crecer es crecer
resistir es resistir
morir es morir.

XEN SUBIRATS

Autores

Rober Bodegas, David Broncano, Miguel Campos, Jaime Caravaca, Alberto Casado, Ricardo Castella, Luis Fabra, Ignatius Farray, Pablo Ibarburu, Fernando Moraño, Jorge Ponce, Helena Pozuelo, Danny-Boy Rivera, Ernesto Sevilla, Borja Sumozas y Galder Varas son cómicos y/o guionistas de *La Resistencia*.

Aarón Aguilera, David Lozano, Fernando J. Martínez, Guillo Martínez y Tenderoni son parte del Departamento de Realización de *La Resistencia*.

Fernando Delgado y Ana Maciá son el Departamento de Invitados de *La Resistencia*.

Ana Domínguez es parte del Departamento de Maquillaje y Peluquería de *La Resistencia*.

Xen Subirats es Productor Ejecutivo de *La Resistencia*.

Juan Álvarez forma parte del Departamento de Arte de *La Resistencia*.

Grison es músico.

Javier Camarena es tenor.

Sara Socas y Anier son raperas.

Anónimo es cuando uno no quiere poner su nombre.

Álex Pinacho es *Community Manager*.

Elvira Sastre es escritora.

Ana Fernández, Ingrid García-Jonsson, Apolonia Lapiedra y Candela Peña son actrices.

Daniel Rovira y Antonio Resines son actores.

José Toro es el padre de Ingrid García-Jonsson.

ÍNDICE

CPSIA information can be obtained
at www.ICGtesting.com
Printed in the USA
JSHW051412010621
R10915100001B/R109151PG15344JSX00001B/1